Sieh dich um
am Wegrand

Text von Michael Chinery
Illustrationen von John Gosler
Übersetzt und bearbeitet
von H. J. Conert

Loewe

ISBN 3-7855-2161-1 – 1. Auflage 1988

Die englische Originalausgabe
erschien unter dem Titel
“Step into Nature: By the Roadside“
bei Granada Publishing Ltd., London

Printed in Italy

Inhalt

Wo immer du wohnst, stets bist du von Pflanzen und Tieren umgeben. Sogar in den Großstädten findest du die verschiedensten Arten von Lebewesen. Wenn du ihren Namen kennst, wenn du etwas über sie weißt, wirst du immer gute Bekannte um dich herum haben.

In diesem Buch kannst du viel Wissenswertes über Pflanzen und Tiere lesen. Aber damit ist es nicht genug, du mußt auch selbst etwas tun, um sie näher kennenzulernen. Wie du das anstellst, ist hier beschrieben. Du findest Hinweise, wie du die Lebewesen entdecken und beobachten kannst. Es wird auch gezeigt, wie du selbst experimentieren kannst, um ihre Verhaltensweise zu erkennen.

Zugleich mit den einzelnen Tieren und Pflanzen ist auch ihr Lebensraum dargestellt. Denn du kannst sie nur richtig verstehen, wenn du sie im Zusammenhang mit ihrer Umgebung siehst.

Eine Wohnung in der Hecke

Wenn du auf dem Lande wohnst, gibt es in deiner Nähe sicherlich eine alte, hohe Hekke. Eine solche wollen wir in diesem Buch näher kennenlernen. Die Hecken, die du überall in den Ortschaften siehst und die einen kleinen Garten umgrenzen, sind hier nicht gemeint. Sie werden in jedem Jahr mehrmals geschnitten und geben höchstens einem Vogel Schutz, um sein Nest darin zu bauen. Diese Hecken kommen aber nie zum Blühen und tragen auch keine Früchte.

Eine Hecke, wie wir sie betrachten wollen, besteht aus verschiedenen Bäumen und Sträuchern, die in einer Reihe oder in einer Gruppe zusammen gepflanzt worden sind. Sie dienen der Abgrenzung von Feldern und Wiesen. Heute leben viele Pflanzen und Tiere an den Hecken, da die Wiesen, auf denen sie eigentlich zu Hause sind, gepflügt wurden und viele Wälder gerodet worden sind.

Einige der Pflanzen und Tiere, die du an Hecken finden kannst, werden hier gezeigt. Wie viele von ihnen kennst du bereits?

Bevor du zu einer Wanderung aufbrichst,

solltest du dieses Buch einmal durchblättern, damit du über die Bewohner der Wegränder und Hecken bereits etwas weißt. Benutze ein Tagebuch und schreibe auf, was du siehst, z. B. welche Sträucher bilden den Hauptteil der Hecke? Wie groß werden sie? Einige der wichtigsten Sträucher kannst du auf Seite 28 finden.

Vergiß aber vor allem nicht, auf den Verkehr zu achten, wenn du eine Hecke an einer Straße untersuchen willst! Steige niemals auf steile Böschungen: Du kannst sehr leicht abrutschen und auf die Straße fallen. Es ist viel sicherer, die Hecke von der anderen Seite aus zu untersuchen. Hole dir jedoch zuerst die Erlaubnis des Besitzers.

Zum Aufspüren

Wie alt ist eine Hecke?

Viele Hecken wurden im 18. und 19. Jahrhundert gepflanzt, um die Wiesen und Felder gegeneinander abzugrenzen. Sie sind also 200 oder sogar 300 Jahre alt! Solche Hecken bestehen meist aus Weißdorn, einem Busch, der sehr schnell wächst und auch das Beschneiden verträgt. Manche Hecken sind aber noch viel älter, besonders diejenigen, die an alten Wegen angelegt wurden. Andere kann man als Reste von Waldrändern erkennen, die stehengelassen wurden, als die Wälder selbst abgeholzt wurden, um Platz für neue Felder und Wiesen zu schaffen. Andere Hecken entstanden als Grenze zwischen benachbarten Bauernhöfen oder von selbst.

In England gibt es noch heute viele alte Hecken, und das hat den englischen Biologen Max Hooper gereizt, sich mit ihnen genauer zu beschäftigen. Durch Vergleich mit alten Karten und anderen Dokumenten konnte er das Alter vieler Hecken recht genau bestimmen. Er fand dabei heraus, daß die Anzahl der verschiedenen Straucharten eng mit dem Alter einer Hecke zusammenhängt. In einem 30 m langen Abschnitt, der in der Mitte einer Hecke liegt und in dem sich keine Durchgänge befinden, werden die verschiedenen Arten von Sträuchern gezählt, die in diesem Teil wachsen. Kletterpflanzen sowie Brombeeren und Wildrosen werden dabei nicht berücksichtigt. Die von Hooper aufgestellte Regel besagt, daß man für jede in diesem Abschnitt der Hecke gefundene Strauchart 100 Jahre Lebensalter der Hecke ansetzen kann. Eine Hecke mit 6 verschiedenen Straucharten ist danach 600 Jahre alt.

Der Gemeine Schneeball

König der Zäune

Der Zaunkönig ist ein kleiner und scheuer Vogel. Er verbringt die meiste Zeit des Tages in Hecken, um Futter zu suchen. Am Boden huscht er so schnell hin und her, daß du ihn mit einer Maus verwechseln kannst. Bei genauerem Hinsehen erkennst du ihn jedoch sofort an dem hochgestellten Schwanz. Auffällig ist auch der dünne Schnabel, mit dem er kleine Insekten und Spinnen aus dem Laub pickt. Der Zaunkönig hat eine unglaublich laute Stimme, die man einem so kleinen Vogel überhaupt nicht zutraut. Am lautesten aber klingt sie im Frühling, wenn das Männchen sein Revier verteidigt. Sein Ruf klingt wie „tick-tick-tick", und bei Erregung ruft es laut schnurrend „zerrrr". Im Frühling baut das Männchen mehrere Nester, die es jedoch nicht gleich fertigstellt. Dann wirbt der Zaunkönig um ein Weibchen und fordert es auf, seine Nester zu besuchen. Wenn dem Weibchen eines gefällt, polstert es den „Rohbau" mit Federn und anderem weichen Material aus und legt seine Eier hinein. Das Männchen beachtet das brütende Weibchen nun nicht mehr, sondern umwirbt ein anderes und versucht, es für ein anderes seiner Nester zu interessieren. Auf diese Weise kann ein Männchen nacheinander drei Weibchen zum Brüten veranlassen, aus deren Eiern über 20 Jungvögel schlüpfen. Sie werden vorwiegend vom Weibchen versorgt, aber wenn die Nahrung rar ist oder ein Weibchen stirbt, übernimmt auch der Zaunkönig die Versorgung der Jungen. Vielleicht kannst du einmal in einer Hecke eine ganze Zaunkönigsfamilie sehen, die sich mit lauten Rufen verständigt.

Für die Zaunkönige ist es schwierig, ihren winzigen Körper im Winter warm zu halten. Sie kauern sich in alten Nestern zusammen, aber viele sterben in strengen Wintern, weil sie nicht genügend Futter finden. Du solltest also nicht vergessen, Futter in den Garten zu stellen, um diesen und anderen Vögeln zu helfen.

Zum Beobachten

Andere kleine Vögel

Das Wintergoldhähnchen und das Sommergoldhähnchen, die du auf dieser Seite siehst, sind die kleinsten Vögel, die in Europa leben. Sie messen vom Schnabel bis zur Schwanzspitze nur 9 cm und sind damit sogar etwas kleiner als der Zaunkönig. Siehst du den Unterschied zwischen diesen beiden Männchen? Schau einmal auf ihren Augenstreif! Suche diese Vögel in Hecken und an Waldrändern. Das Wintergoldhähnchen findet man das ganze Jahr hindurch in Nadelwäldern. Das Sommergoldhähnchen ist dagegen bei uns nur im Sommer zu sehen und kommt auch in Laubwäldern vor. Achte einmal auf den hohen Ruf dieser beiden Vogelarten, der wie „sisisi" klingt und immer wieder aufgenommen wird. Betrachte ihre Schnäbel. Was glaubst du, welches Futter sie damit aufpicken?

Taubnesseln

Auf den ersten Blick könntest du denken, daß die Pflanze auf dem großen Bild eine Brennessel ist. Wenn du jedoch genauer hinschaust, siehst du, daß ihre Blüten ganz anders aussehen. Es ist die Rote Taubnessel, die so genannt wird, weil sie keine Brennhaare hat, also „taub“ ist. Du findest sie auf unbebautem Boden und als Unkraut im Garten. Zerreibe einmal ein Blatt zwischen den Fingern und rieche daran. Es hat einen starken Geruch. Die röhrenförmigen Blüten sind am vorderen Ende in 2 Lippen gespalten. Sie stehen in Quirlen an dem vierkantigen Stengel. Seinen quadratischen Querschnitt kannst du im Kreis abgebildet sehen. Die Blüten enthalten Nektar und werden von vielen Insekten besucht, die sich auf der Unterlippe der Blüte niederlassen wie das anfliegende Insekt auf dem Bild.

Im Frühling wirst du viele Insekten auf Taubnesseln finden, wo sie ihren langen Saugrüssel tief in die Blüte tauchen. Schau dir die Biene an, die bereits an der Blüte sitzt. Kannst du den großen gelben Fleck an ihrem Hinterbein sehen? Es ist ein Pollenkörbchen, in dem der Pollenstaub gesammelt und zum Bienenstock gebracht wird.

Zum Aufspüren

Taubnessel, Ziest und Brunelle

Diese Pflanzen findest du an Wegrändern, Hecken und auf Schuttplätzen. Ihre Blätter sind oft mit weichen Haaren besetzt.

Der **Waldziest** *(rechts)* hat herzförmige Blätter, deren Rand stark gesägt ist. Die roten Lippenblüten haben auf der Unterlippe weiße Flecken. Er wächst in Hekken und Büschen. Blütezeit: Juni – September.

Die **Weiße Taubnessel** *(links)* hat viele weiße Lippenblüten. Sie wächst an Zäunen und auf Schutt. Blütezeit: April bis Oktober.

Die **Stengelumfassende Taubnessel** *(rechts)* hat ihren Namen wegen der ungestielten oberen Blätter. Blütezeit: März bis Oktober.

Zum Beobachten

Wie die Brennessel brennt

Ganz bestimmt hast du mit der Brennessel schon deine Erfahrungen gemacht. Aber hast du schon gewußt, wie es kommt, daß die Pflanze sticht? Wenn du das wissen willst, brauchst du Lederhandschuhe und eine Lupe. Wenn du jetzt ein Blatt abreißt, so siehst du, daß die Blätter am Stengel einander gegenüber stehen, daß sie herzförmig sind und einen grob gesägten Rand haben, aber auch, daß sie auf beiden Seiten mit langen, abstehenden Haaren besetzt sind. Diese Brennhaare laufen spitz zu und haben an ihrem oberen Ende eine kleine Kugel. Bei der geringsten Berührung des Haares bricht diese ab, so daß eine ganz feine Spitze entsteht. Diese dringt mühelos durch deine Haut. Das Gift, das im Haar enthalten ist, fließt aus, und du hast das Gefühl, daß dich etwas brennt. Es entsteht für einige Zeit eine gerötete, aufgeschwollene Stelle. Weiteren Schaden nimmst du nicht. Versuche einmal, einen Stengel zu zerreißen. Das gelingt dir nur sehr schwer. Früher hat man aus den Stengeln grobes Tuch gewoben. Brennesseln wachsen dort, wo der Boden sehr nährstoffreich ist. Überall wo übermäßig gedüngt worden ist, kannst du sie finden. Viele Schmetterlingsraupen leben auf Brennesseln.

Die kleinen grünlichen Blüten stehen in Kätzchen. Männliche und weibliche Kätzchen sind an verschiedenen Pflanzen.

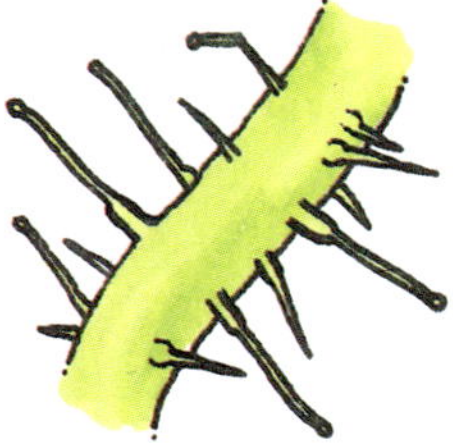

Brennhaare am Stengel (stark vergrößert).

Die **Kleine Brunelle** *(oben)* wächst auf Wiesen, an Hecken und Waldrändern.
Blütezeit: Juni – Oktober.

Die **Gelbe Taubnessel** oder **Goldnessel** *(rechts)* ist in Wäldern und Hecken verbreitet.
Blütezeit: April – Juli.

Gefiederte Mieter

Halte Augen und Ohren auf, wenn du spazierengehst und achte einmal ganz besonders auf die Vögel. Du wirst erstaunt sein, wie viele es gibt, sogar in der Stadt. Einige sind leicht zu entdecken, sie kommen in Parks und Anlagen zutraulich auf dich zu. Andere sind scheu und verstecken sich im Gebüsch oder auf den Bäumen. Auch wenn du sie nicht siehst, kannst du sie mit einiger Übung an ihrem Gesang erkennen. Du mußt ein wenig Geduld haben, wenn du sie sehen willst. Komm ihnen aber nicht zu nahe, du würdest sie erschrecken! Schreibe in dein Tagebuch, wo und wann du die verschiedenen Vogelarten entdeckt hast. Versuche herauszufinden, wovon sie sich ernähren. Einige Vögel, die häufig in Hecken leben, sind hier gezeigt, aber es gibt noch viele andere, die du für dich neu entdecken kannst.

Die **Turteltaube** kommt Ende April aus ihrem Winterquartier in Afrika zu uns zurück. Sie nistet in dichten Hecken und ernährt sich von Früchten, Samen und Knospen. Wenn sie gestört wird, fliegt sie auf und zeigt ihren schwarzen Schwanz mit einem weißen Rand.

Der **Grünling** lebt in Wäldern mit dichtem Unterwuchs. Du findest ihn aber auch häufig in der Stadt in Parks und Anlagen in Schwärmen von 10 oder mehr Vögeln. Er ernährt sich von Samen, Früchten und Knospen. Der abgebildete Vogel ist ein Männchen, das Weibchen ist weniger bunt.

Der **Stieglitz** kommt gewöhnlich in kleinen Schwärmen vor. Er überwintert bei uns und lebt vor allem in Gebieten mit hohen Bäumen. Du kannst ihn häufig beobachten, wie er Blütenkörbchen von Kornblumen, Disteln und anderen Unkräutern zerpflückt, um an die weichen Früchte zu kommen.

Die **Heckenbraunelle** ist ein sehr scheuer Vogel, der normalerweise in Büschen und Hecken von Nadel- und Mischwäldern lebt. Achte auf Nacken und Brust, die grau gefärbt sind, und auf den dünnen Schnabel, an dem du sie sofort vom Sperling unterscheiden kannst. Sein Futter pickt er vom Boden.

Gimpel (auch **Dompfaff** genannt) treten meist in Paaren auf. Wahrscheinlich wirst du erst das leuchtend gefärbte Männchen entdecken, aber das Weibchen ist nicht weit entfernt. Die Gimpel fressen vor allem die Samen der Nadelbäume, aber auch die Früchte der Laubbäume.

Der **Buchfink** ist einer unserer häufigsten Vögel. Du kannst ihn überall finden, wo es Bäume und Büsche gibt. Achte auf die weißen Streifen an den Flügeln! Das bräunliche Weibchen hat sie genauso wie das bunt gefärbte Männchen. Er ernährt sich hauptsächlich von Früchten und Samen.

Den **Steinkauz** kannst du schon bei Tag jagen sehen. Auf Zaunpfählen oder anderen erhöhten Plätzen sitzt er und beobachtet seine Umgebung. Wenn du zu nahe herankommst, dreht er unruhig den Kopf hin und her und fliegt davon. Achte einmal auf seinen Ruf, der wie „kwiu" klingt.

Die **Schwanzmeise** lebt in dichten Hecken und an Waldrändern oft in großen Gruppen. Sie sucht Zweige und Äste nach Insekten und Larven ab. Mehr als die Hälfte ihrer Länge ist Schwanz. Schwanzmeisen bauen ein kunstvolles Nest aus Moos, Spinnweben und kleinen Federn.

Die **Dorngrasmücke** ist nur im Sommer in Europa und lebt in Hecken, an Waldrändern und an Feldrändern, die mit Büschen bestanden sind, ist aber überall selten. Das Männchen hat einen grauen Kopf, der beim Weibchen braun gefärbt ist. Auffallend ist auch die weiße Kehle.

Der **Schilfrohrsänger** lebt gewöhnlich in feuchten Gebieten, wo er im Schilf, in Büschen und Hecken nistet. Achte auf den weißen Streifen über dem Auge. Betrachte auch seinen schlanken Schnabel. Was glaubst du, was er damit frißt? Es sind Spinnentiere und Insekten!

Flink wie ein Wiesel

Ist es dir schon einmal passiert, daß dir ein schlankes braunes Tier blitzschnell über den Weg gelaufen ist, wenn du auf einer Landstraße gewandert bist? Es war wahrscheinlich ein Hermelin oder ein Mauswiesel. Beide Tiere gehören zur Familie der Marder und sind eng miteinander verwandt. Da das Hermelin deutlich größer ist als das Mauswiesel, wird es auch Großes Wiesel genannt. Beide Tierarten leben in Hecken und an Wegrändern zwischen Steinhaufen, sie kommen sogar in Ortschaften vor. Auf dem großen Bild ist das Hermelin links abgebildet, das Mauswiesel rechts.

Wie alle Marder sind die Wiesel Jäger, die ihre Beutetiere verfolgen und z. B. bei den Kaninchen und Hamstern bis in die Erdbauten eindringen. Das Hermelin wohnt in Spalten von Mauerwerk und in Steinhaufen, in Erdbauten von Maulwürfen und Kaninchen, aber auch auf Dachböden. Sein Nest polstert es mit dem Fell von Beutetieren aus. Zu denen gehören Hamster, Wühlmäuse, Ratten, junge Kaninchen und Hasen sowie auf dem Boden brütende Vögel und ihre Gelege. Das Hermelin ist sehr scheu, wenn du aber eines in einer Hecke entdeckt hast, so bleibe stehen und pfeife leise, das Tier ist recht neugierig, und vielleicht kommt es aus seinem Versteck heraus, um zu sehen, was hier los ist. Wenn das Weibchen eine Gefahr für seine Jungen spürt, so trägt es sie im Maul an einen sicheren Platz. Im Norden bekommt das Hermelin im Winter ein weißes Fell. Warum wohl? Nur die Schwanzspitze bleibt auch dann schwarz. Das Mauswiesel huscht schnell über den Boden und macht ab und zu „Männchen“, um seine Umgebung zu beobachten. Da es kleiner ist als das Hermelin, jagt es auch kleinere Tiere. Mäuse und Wühlmäuse, Insekten und Vögel gehören zu seinem Speiseplan. Mauswiesel stehen unter Naturschutz!

Zum Aufspüren

Andere Marder

Auf diesem Bild kannst du drei andere Verwandte des Hermelins sehen. Sie haben die gleiche Form, sind aber etwas größer und haben eine andere Farbe. Du kannst sie sicher leicht unterscheiden.

Der **Amerikanische Nerz** wurde vor langer Zeit nach Europa gebracht und wird wegen seines Pelzes gezüchtet. Einige Nerze sind jedoch aus den Farmen ausgebrochen. Der **Europäische Nerz** ist vor mehr als 50 Jahren bei uns ausgestorben. An der Oberlippe und am Kinn ist er weiß gefärbt, der Amerikanische Nerz dagegen nur am Kinn.

Der **Iltis** ernährt sich von Kaninchen, Ratten und Mäusen, aber auch von Fröschen, Schnecken und Vögeln. Das **Frettchen** ist eine gezüchtete Form des Iltis, das von den Jägern gehalten wird, um Kaninchen zu jagen. Man schickt es in den Bau des Kaninchens: Das Kaninchen kommt in panischer Angst heraus und wird dann gefangen oder geschossen.

Frettchen
30 – 45 cm lang
(ohne Schwanz)

Iltis
30 – 45 cm lang
(ohne Schwanz)

Amerikanischer Nerz
30 – 40 cm lang (ohne Schwanz)

Der Kampf der Käfer

Die beiden Käfer auf dem großen Bild sind männliche Hirschkäfer. Ihren Namen haben sie nach ihren großen Zangen, die an das Geweih eines Hirsches erinnern. Ihre großen Kiefer sehen sehr gefährlich aus, aber die Käfer können niemanden damit verletzen. Die beiden Käfer im Bild kämpfen miteinander, um einem Weibchen zu imponieren, das wahrscheinlich etwas abseits den Kampf beobachtet. Der Kampf kann eine halbe Stunde und länger dauern, bis einer der beiden Käfer ermüdet und sich davonmacht.

Das Weibchen ist kleiner als das Männchen und hat kein Geweih. Nach der Paarung legt das Weibchen die Eier in einem toten, verfaulenden Baumstumpf ab, meist in einer Eiche. Aus den Eiern schlüpfen weiße Larven, die drei Jahre lang in dem Stamm leben und sich vom verwesenden Holz ernähren. Dann verpuppen sie sich, und eines Tages schlüpft der fertige Käfer aus der Puppe. An einem warmen Abend kannst du ihn vielleicht einmal fliegen sehen. Hirschkäfer sind selten geworden, da es heute nicht mehr so viele Eichenwälder gibt. Die Käfer ernähren sich in der Hauptsache von diesen Bäumen, indem sie mit ihrer pinselförmig ausgebildeten Unterlippe den austretenden Saft auflecken. Im Mai und Juni schwärmen die Käfer in Wäldern und in Parks mit alten Bäumen, sogar mitten in der Stadt. In Hecken, wo es vermodernde Holzstümpfe oder Zaunpfosten gibt, kannst du sie ebenfalls finden. Manchmal kannst du einen abgebissenen Kopf finden, während der Körper fehlt. Hier ist ein Hirschkäfer von einem Eichelhäher erbeutet worden, der dem Käfer nachgestellt hat. Das Männchen des Hirschkäfers wird zusammen mit dem Geweih etwa 5 cm lang, eine erstaunliche Größe für einen Käfer. Einige seiner tropischen Verwandten werden sogar dreimal so groß: Der Herkuleskäfer aus Amerika wird z. B. 18 cm lang. Hirschkäfer stehen bei uns unter Naturschutz!

Zum Aufspüren

Andere große Käfer

Halte deine Augen und Ohren offen, damit du noch andere große Käfer in einer Hecke entdecken kannst. Die meisten fliegen in der Abenddämmerung und machen mit ihren Flügeln ein lautes Geräusch.

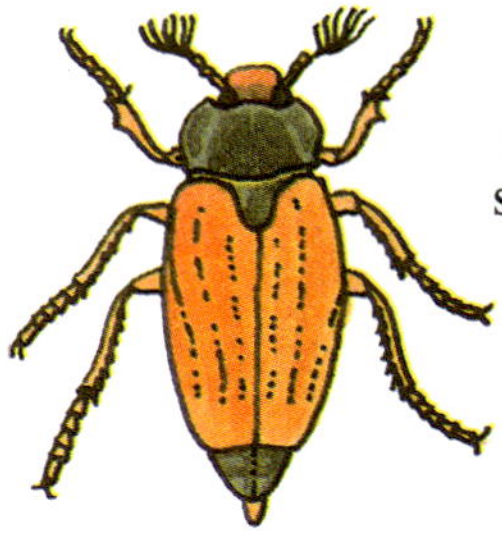

Der **Feldmaikäfer** *(links)* ist etwa 2,5 cm lang und fliegt im Mai und Juni. Er schädigt die Bäume in den Wäldern, indem er junge Triebe anfrißt. Seine Larven, die Engerlinge, zerstören die Wurzeln vieler Pflanzen.

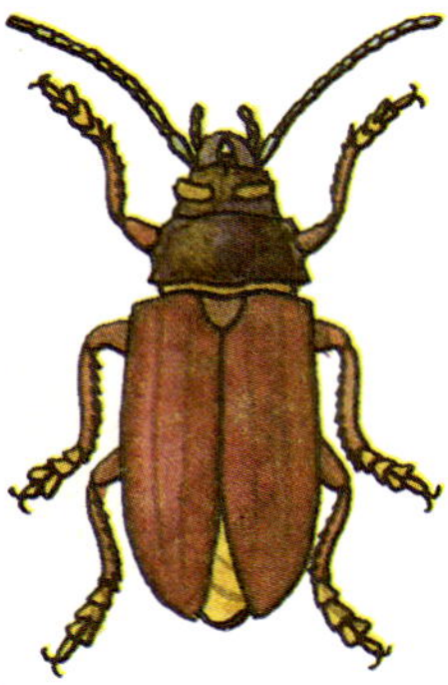

Der **Sägebock** *(links)* wird bis zu 4 cm lang. Er gehört zu den Bockkäfern. Schau dir seine langen, nach vorn gerichteten Fühler an. Seine Larven ernähren sich von verfaulenden Baumstümpfen. Manchmal findest du diesen Käfer auch auf Blüten des Wiesenbärenklau.

Der **Heldbock** *(rechts)* wird bis zu 5 cm lang. Beachte seine langen, nach hinten gerichteten Fühler. Auch er gehört zu den Bockkäfern. Das Weibchen legt seine Eier in alten Eichenstämmen ab, und die Larven fressen fast fingerdicke Gänge durch das Holz.

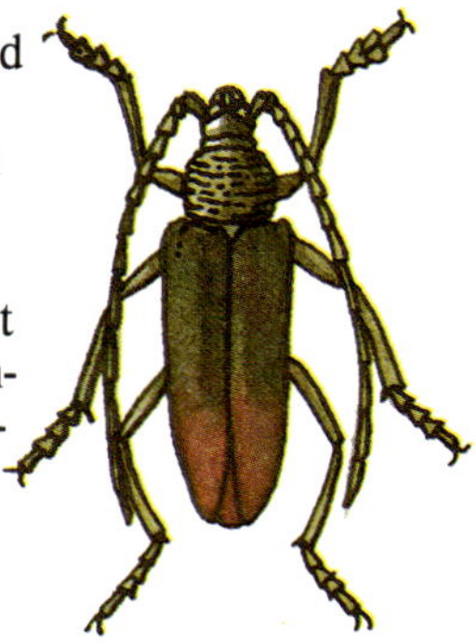

Fleißige Kletterer

Alle grünen Pflanzen brauchen Sonnenlicht zum Wachsen, und auch die Heckenpflanzen machen darin keine Ausnahme. Sie wachsen in die Höhe und Breite und versuchen, einander dabei zu übertreffen. Manche Pflanzen bilden jedoch keinen hohen Stamm aus und erhalten trotzdem genügend Licht. Sie wachsen am Stamm der Bäume und Sträucher empor und halten sich an ihnen fest. Zähle einmal, wie viele dieser Kletterpflanzen du in einer Hecke finden kannst. Einige sind auf dem großen Bild gezeigt. Kennst du sie bereits?

Den Kletterpflanzen gelingt es auf viele Art und Weise, in der Hecke emporzuwachsen. Der Stengel und die Blätter des Klebkrautes z. B. sind mit kleinen Haken versehen. Die Zaunwinde windet ihren Stengel um einen Baumstamm, und zwar immer in der gleichen Richtung. Die oberirdischen Teile der Pflanze sterben im Herbst ab, aber im Frühling kommen neue Triebe aus der Erde. Der Bittersüße Nachtschatten ist ebenfalls eine Kletterpflanze, die andere Pflanzen umschlingt. Mit Sicherheit siehst du auch Brombeeren in der Hecke, die mit ihren langen Zweigen an den Bäumen und Sträuchern emporwachsen. Stengel und Blattstiele sind mit langen Stacheln besetzt. Auch die Heckenrose benutzt ihre gebogenen Stacheln, um sich an der Hecke festzuklammern. (Auf Seite 18 kannst du mehr über sie erfahren.) In vielen Hecken und an manchen Waldrändern wirst du den Efeu sehen, der an den Bäumen emporklettert. Kannst du die winzigen Kletterwurzeln sehen, die aus dem Stengel wachsen? Sie drängen sich in kleine Risse und Spalten der Bäume und halten die ganze Pflanze dadurch fest. Achte darauf, wie sich die Blätter in ihrer Form ändern. Im unteren Teil der Pflanze sind sie handförmig und gelappt, im obersten Teil der Pflanze sind sie eiförmig und ganzrandig.

Zum Beobachten

Ein Festmahl für die Fliegen

Der Efeu blüht im September und Oktober und hat kleine, gelbgrüne Blüten, die uns gar nicht so sehr auffallen. Sie enthalten aber eine große Menge Nektar, der viele Insekten anlockt. Unter ihnen ist die Goldfliege oder Kaiserfliege, die unten abgebildet ist, besonders häufig, aber auch die Hornissen kommen tagsüber hierher. In der Nacht treten an ihre Stelle viele verschiedene Nachtfalter. Suche einmal einen blühenden Efeu auf und beobachte, wie viele Insekten zu den Blüten kommen.

Zum Aufspüren

Anhänglich wie eine Klette

Sicher hast du nach einer Wanderung schon die kleinen Früchte des Klebkrautes an deiner Kleidung oder an deinen Strümpfen gefunden. Hast du dich aber jemals gefragt, warum sie kleben bleiben? Wenn du das nächste Mal solche Kletten findest, so betrachte sie genau unter einer Lupe. Du wirst sehen, daß sie mit Hunderten von kleinen Haken bedeckt sind. So werden die Früchte von Menschen und Tieren verschleppt.

Ein Rosenapfel

Die auffallende Blüte auf diesem Bild gehört zu einer Hundsrose. Diese abwertende Bezeichnung hat die Rose, weil sie so häufig in den Hecken vorkommt. Sieh dir einmal die gebogenen Stacheln an ihren langen Zweigen an, mit denen sie an Nachbarsträuchern emporranken kann. Du wirst die Hundsrose im Sommer überall blühend finden. Später entwickeln sich aus den Blüten die roten Hagebutten, die eine Hecke mit ihrer leuchtenden Farbe schmücken. In den Hagebutten sind stark behaarte Nüßchen enthalten, die man als „Juckpulver“ benutzen kann.

Eine Heckenrose bietet Futter und Lebensraum für viele Tiere. Kleine Säugetiere verbergen sich zwischen ihren stacheligen Zweigen, und viele Vögel errichten darin ihr Nest. Bienen und Hummeln sammeln Pollen und Nektar aus den Blüten, während die Hagebutten im Winter von hungrigen Vögeln verzehrt werden.

Wenn du die Hundsrose im Sommer genauer untersuchst, kannst du nicht selten ein Gebilde finden, das zwar auf einem Stiel steht, wo eine Blüte sein sollte, daß aber einem haarigen, roten oder orangefarbenen Ball ähnlich ist. Diese merkwürdige Bildung ist eine Galle. Man bezeichnet sie auch als Rosenapfel. Diese Galle entsteht, wenn ein Insekt, die Rosengallwespe, ihre Eier in eine Rosenknospe legt. Der Strauch beantwortet diesen Stich mit einer Wucherung, mit der er die Eier und später die Larven der Rosengallwespe umschließt. Die Wand der Galle enthält viele Nährstoffe, von denen sich die Larven ernähren. Im Herbst verpuppen sie sich, und im nächsten Frühjahr schlüpft eine neue Rosengallwespe aus diesem Haus, das ihr im Winter Schutz gegeben hat. Sie sucht wieder eine Blüte der Hundsrose auf, legt ihre Eier in eine Knospe, und der Kreislauf beginnt erneut.

Zum Selbermachen

Eine Gallwespen-Zucht

Wenn du einige Gallen sammeln willst, kannst du beobachten, wie die Gallwespen schlüpfen.

1 Sammle einige Rosengallen im Januar oder Februar. Lege sie in ein Glas und halte sie in den folgenden Monaten kühl.

2 Die Wespen *(links)* schlüpfen im Frühling aus den Gallen. Wie viele kommen aus einer einzigen Galle? Nimm einige in eine kleine Plastiktüte.

3 Stülpe die Tüte über einen Rosenzweig. Die Gallwespe wird ihre Eier in die Knospen legen. Später kannst du sehen, wie die Galle wächst.

Zum Aufspüren

Unangenehme Gäste

Achte einmal auf diese Insekten. Meist siehst du erst die Schäden, die sie an der Rose angerichtet haben, dann sie selbst.

Die **Rosen-Blattschneiderbiene** *(links)* schneidet Stücke aus den Blättern und baut daraus ihr Nest.

Die Raupe der **Rosenblattwespe** *(rechts)* nagt kleine Löcher in die Blattoberseite. Später werden diese Stellen braun.

Es sieht aus wie eine Maus

Sieh dir die beiden Tiere auf dem Bild genau an. Sehen sie nicht aus wie Mäuse? Welche Unterschiede kannst du außerdem zwischen den beiden feststellen? Ist es nur ihre Farbe? Schau dir auch die Form von Kopf und Schnauze an, und was ist mit den Ohren? Wenn du genau hinsiehst, so merkst du bald, daß hier tatsächlich zwei sehr verschiedene Tiere abgebildet sind, und keines gehört zur Familie der echten Mäuse! Das obere Tier ist eine seltene Waldspitzmaus und das andere eine Rötelmaus.

Betrachte das Bild von einer Hausmaus und vergleiche es mit diesen beiden Tieren, dann wirst du feststellen, daß die Bezeichnung Spitz- und Rötel-„Maus" für diese beiden ganz irreführend ist. Die Waldspitzmaus gehört zu den Insektenfressern und ist mit dem Igel und dem Maulwurf verwandt. Sie frißt jedoch nicht nur Insekten, sondern auch Schnecken und Würmer. Mit den spitzen, am oberen Ende rotgefärbten Zähnen ergreift sie ihre Beute und verzehrt sie. Kopf und Rumpf sind zusammen nur 6 bis 9 cm lang, wozu noch der 3 – 6 cm lange Schwanz kommt. Das ganze Tier wiegt höchstens 15 g. Die Waldspitzmaus hat drei- bis viermal im Jahr Junge. Zu jedem Wurf gehören 3 – 8 Tiere, die sich nach 4 Monaten bereits wieder vermehren können. Waldspitzmäuse werden etwa 18 Monate alt. Die Rötelmaus, die im Bild unten abgebildet ist, gehört zu den Nagetieren und innerhalb dieser Gruppe zur Familie der Wühler. Eine andere, bessere Bezeichnung für diese Tiere ist deshalb Waldwühlmaus. Sie ernährt sich hauptsächlich von Früchten, Samen und anderen Pflanzenteilen, seltener auch einmal von Insekten. Die Rötelmaus huscht Tag und Nacht auf dem Boden im Laub umher, sie kann aber auch gut klettern und kommt sogar bis in die Krone von Nadelbäumen, um die Zapfen zu benagen. In Baumschulen kann sie manchmal größere Schäden anrichten, wenn sie die Rinde von jungen Bäumen abnagt.

Zum Beobachten

Zähne jeder Art

Die Zähne sind für die Tiere das wichtigste Werkzeug. Bei verschiedener Nahrung haben die Tiere auch verschiedene Zähne. Auf dem Bild unten siehst du, daß ein Nagetier ganz andere Zähne hat als ein Insektenfresser. Die Rötelmaus frißt Pflanzen und benutzt ihre scharfen, meißelförmigen Vorderzähne, um Nüsse und Fichtenzapfen zu zerbeißen. Mit den flachen, breiten Mahlzähnen wird die Nahrung weiter zerkleinert. Die Waldspitzmaus ernährt sich dagegen von kleinen Tieren. Die dicht aneinander stehenden Zähne haben scharfe Ränder, die das Fleisch der Beutetiere wie mit einer Schere zerschneiden. Du kannst die Kieferknochen und Zähne der Waldspitzmaus finden, wenn du die Gewölle einer Eule untersuchst. Eulen erbeuten häufig Spitzmäuse und speien die unverdaulichen Teile aus.

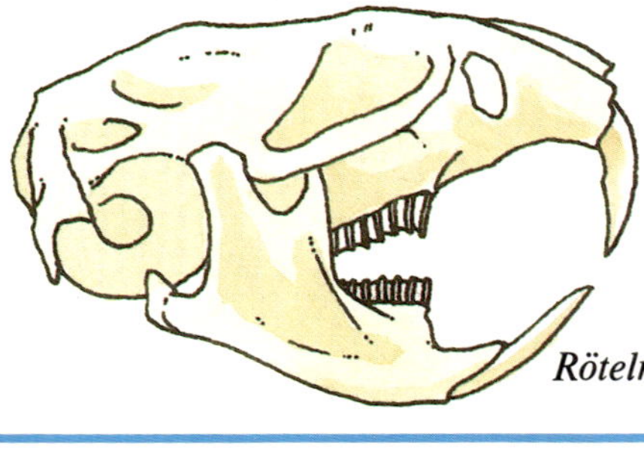

Rötelmaus

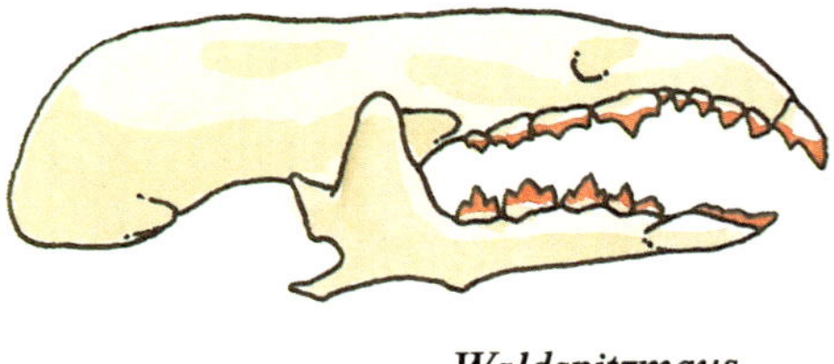

Waldspitzmaus

Die große Raupenjagd

Im Sommer kann eine kleine Hecke der Aufenthaltsort von Hunderten von Raupen sein. Du brauchst nicht lange zu suchen, um ihre Spuren zu finden. Kahle Zweige an einem beblätterten Gebüsch oder zernagte Blätter zeigen dir, daß sie hier tätig waren. Sie selbst sind dagegen gar nicht so leicht aufzuspüren. Manche haben eine Tarnfarbe und heben sich kaum von den Blättern ab. Andere sind bräunlich gefärbt und schlank. Solange sie sich nicht bewegen, sind sie von dem Zweig, an dem sie sitzen, überhaupt nicht zu unterscheiden. Diese Tarnfarben haben die Raupen aber nicht, um sich vor dir zu verstecken, sondern um vor den Vögeln geschützt zu sein, die sie fressen wollen. Manche Raupen haben einen anderen Schutz vor diesen Feinden, sie sind dicht von langen Haaren bedeckt, die leicht abbrechen und in Schnabel und Kehle der Vögel steckenbleiben. Andere Raupen sind ganz auffällig bunt gefärbt, und man müßte annehmen, daß sie jeden Vogel dadurch anlocken. Aber ein Vogel versucht nur einmal, solche Raupen zu verzehren. Sie haben einen ganz ekelhaften Geschmack, und in Zukunft macht der Vogel einen großen Bogen um sie.

Viele Raupen sind vorwiegend nachts aktiv. Du findest sie, wenn du nach Einbruch der Dunkelheit mit einer Taschenlampe in

1 Ligusterschwärmer (Raupe bis 10 cm)
2 Brauner Bär (Raupe bis 6 cm)
3 Stachelbeerspanner (Raupe bis 3 cm)
4 Pfeileule (Raupe bis 4 cm)
5 Mondvogel (Raupe bis 5 cm)

der Hecke suchst. Achte zuerst auf die Brennesseln und Disteln, auf denen viele Raupen leben, dann auf Weißdornbüsche. Viele Schmetterlingsraupen haben ihre ganz spezielle Wirtspflanze, auf der du sie finden kannst. Die Raupen, die du an Büschen findest, gehören fast immer zu Nachtfaltern. Fünf Raupen, die du in Gebüschen häufiger finden kannst, sind auf dem großen Bild dargestellt. Der Stachelbeerspanner hat den Namen nach der Bewegungsart seiner Raupe erhalten und weil sie an Stachelbeeren lebt. Sie klammert sich mit ihren Brustbeinen an einem Ast fest und krümmt ihren Körper bis er einen Bogen bildet. Jetzt hält sie sich mit den beiden Beinpaaren am Hinterkörper fest, läßt den Zweig mit den Brustbeinen los und streckt ihren Körper. So bewegt sie sich eine „Spanne“ fort.

Zum Selbermachen

Eine Raupenzucht

Du kannst leicht beobachten, wie Raupen wachsen, wie sie sich verpuppen und wie sie sich schließlich in einen Falter verwandeln. Du mußt darauf achten, daß die Raupen regelmäßig die richtigen Futterpflanzen bekommen. Nimm nur solche Pflanzen, auf denen du die Raupen gefunden hast. Einige verpuppen sich auf den Zweigen, auf denen sie leben, andere tun das in der Erde. Daher solltest du etwas Torf und Moos in deinen Raupenkäfig legen.

1 Einen Raupenkäfig kannst du aus einem Einweckglas bauen, das du mit einem durchlöcherten Plastikdeckel verschließt. Stelle einige Zweige in ein Glas Wasser und verschließe es mit einem Tuch, bevor du es in den Käfig stellst.

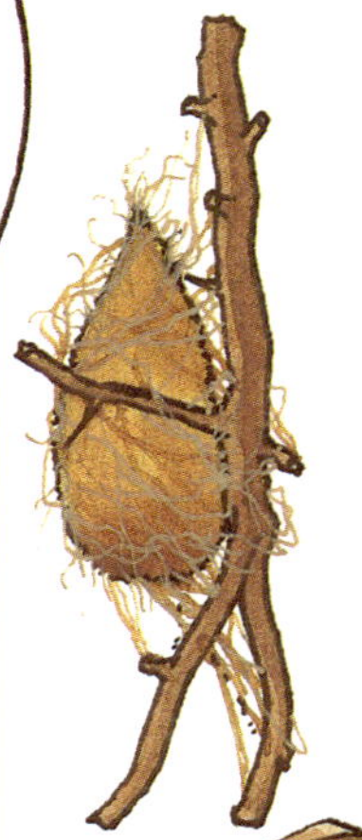

2 Während die Raupen wachsen, werden sie sich einige Male häuten. Fasse sie niemals an! Wenn sie ausgewachsen sind, spinnen einige einen Kokon (siehe links) und verpuppen sich in ihm. Der birnenförmige Kokon auf dem Bild stammt vom Kleinen Nachtpfauenauge.

3 Wenn der Falter aus der Puppe schlüpft, so sind seine Flügel zerknittert. An der Luft werden sie fest und glatt. Nun kann der Falter fortfliegen. Laß ihn frei.

Die Jahreszeiten einer Hecke

Im Winter ist die Hecke braun und kahl. Du kannst nun die Zweige der einzelnen Pflanzen sehen. Die Äste sind so dicht miteinander verflochten, daß kein größeres Tier in die Hecke eindringen kann. Deshalb ist sie zu dieser Zeit eine Schutzzone für viele Arten. Jetzt findest du vielleicht eine Wacholderdrossel, welche die letzten Früchte in der Hecke sucht.

Im Frühling kehrt das Leben in die Hecke zurück. Die Schlehenbüsche sind dicht mit weißen Blüten bedeckt, noch bevor ihre Blätter erschienen sind. Die stark duftenden Blüten des Weißdorns folgen im frühen Mai. Scharbockskraut, Hainveilchen und Weiße Taubnessel blühen am Rande der Hecke. Kaninchen nagen am jungen Gras und am Löwenzahn. Amseln sammeln Material, um ihre Nester zu bauen, und Schmetterlinge flattern in der Sonne.

Eine Hecke ist zu allen Jahreszeiten ein interessanter Lebensraum.
Auch im Winter, wenn die Hecke fast verwaist ist, weil viele Tiere Schutz vor der Kälte suchen und die Pflanzen kahl sind, kann man an der Hecke manches beobachten. Die Knospen der Bäume und Büsche kannst du jetzt besser erkennen und unterscheiden als zu jeder anderen Jahreszeit.

Im Sommer ist die Hecke am schönsten. Du siehst viele Vögel, die beim Brüten sind oder ihre Jungen aufziehen. So sucht die Blaumeise in der Hecke nach Insekten, während der Zitronenfalter Nektar aus den Blüten saugt. Das Deutsche Geißblatt und die Zaunwinde, aber auch die Heckenrose durchziehen die ganze Hecke. Ihre Blüten sind überall zu sehen. Die Schwarze Flockenblume und der Wiesenbärenklau öffnen ihre Blumen und locken viele Insekten an.

Der Herbst ist die Zeit, in der die Früchte reifen. Die Brombeeren verfärben sich jetzt schwarzrot, und auch die Früchte der Zaunrübe und des giftigen Bittersüßen Nachtschattens werden reif.
Die Hagebutten der Heckenrose sind überall zu sehen. Der Stieglitz sammelt am Boden die Früchte vom Wegerich auf, während die Goldammer und die Heckenbraunelle nach Früchten und Samen suchen.
Auch der Igel legt noch ein Fettpolster an.

Der Tanz der Schmetterlinge

Ein Wegrand ist ein sehr guter Platz, um Schmetterlinge zu beobachten. Hier blühen viele verschiedene Blumen an den Böschungen und Hecken. Die Blüten liefern den Schmetterlingen Nektar, und die Blätter geben den Raupen Nahrung. Wie viele verschiedene Arten von Schmetterlingen kannst du wohl an einer Hecke finden? Einige der häufigeren Arten sind auf dem Bild gezeigt. Schreibe in dein Tagebuch, wo und wann du sie gefunden hast und auf welchen Blüten sie saßen.

1 Der **C-Falter** hat eine Zeichnung auf der Unterseite seiner Hinterflügel, die wie ein C aussieht. Er überwintert in Hecken und an Waldrändern. Seine Raupen sind an Brennnesseln und auf Ulmen zu finden.

2 Das **Landkärtchen** ist in Europa weitverbreitet. Es kommt in zwei Generationen

vor. Die Tiere, die im Frühling aus den Puppen schlüpfen, haben ein anderes Flügelmuster als die, die im Sommer schlüpfen.
3 Der **Zitronenfalter** ist einer der ersten Schmetterlinge, die im Frühjahr zu sehen sind. Der Falter überwintert unter Laub, meist dicht über dem Erdboden.
4 Der **Faulbaumbläuling** ist auf der Flügeloberseite himmelblau gefärbt, wobei das Weibchen einen dunkleren und breiteren Flügelrand hat als das Männchen. Die Raupe lebt z. B. an Faulbaum, Pfaffenhütchen und Brombeeren.

5 **Augenfalter** bilden unter den Schmetterlingen einen großen Verwandtschaftskreis. Manche Arten sitzen auf Brombeerbüschen und saugen deren Nektar.
6 Der **Aurorafalter** fliegt bereits im April auf feuchten Waldwiesen und an Waldrändern. Nur die männlichen Tiere sind an den Vorderflügeln rötlich gefärbt.
7 Der **Braune Waldvogel** wird auch **Schornsteinfeger** genannt. Er ist auf der Flügeloberseite schwarzbraun gefärbt. Die Unterseite ist dagegen gelblichbraun und hat mehrere auffallende Augenflecke.

Alle Schmetterlinge sind auf diesen beiden Seiten in ihrer natürlichen Größe dargestellt. Nur der Augenfalter und das Landkärtchen sind in doppelter Größe gezeichnet.

Blühende Zweige

Wie viele verschiedene Arten von Gehölzen kannst du in einer Hecke finden? Einige wirst du schon kennen, andere sind hier abgebildet. Betrachte die Bilder und versuche bei deiner nächsten Wanderung den einen oder anderen Busch zu erkennen.

Ein Strauch, dem du ganz sicher begegnen wirst, ist der Weißdorn. Er ist weitverbreite überall und wächst sehr schnell. Manchmal besteht eine ganze Hecke nur aus diesem Strauch. Verwechsle ihn aber nicht mit der Schlehe, die ebenfalls in Hekken und Gebüschen häufig ist. Auch sie hat dornige Zweige, aber ganz anders geformte Blätter. Die Feldulme kommt seltener in Hecken vor. Die großen Bäume wurden gefällt, und die Triebe, die aus dem Stamm ausschlugen, bilden nun ein dichtes Gebüsch. Die Schneebeere, die oft in Gärten angepflanzt wird und daraus verwildert ist, bildet unter dem Boden lange Sprosse, aus denen sich dann Tochterpflanzen entwikkeln. Viele Sträucher haben leuchtend gefärbte aber giftige Beeren. Vorsicht!

Die **Schlehe** bildet bis zu 4 m hohe Gebüsche und hat mit Dornen besetzte Zweige. Die weißen Blüten erscheinen vor den Blättern, aus ihnen entwickeln sich sehr herb schmekkende Steinfrüchte.

Der **Schwarze Holunder** ist meist buschförmig, kann aber zu einem kleinen Baum heranwachsen. Aus seinen streng duftenden Blüten entwickeln sich schwarzblaue, saftige Beeren.

Der **Rote Hartriegel** hat Blüten, die im Frühsommer erscheinen. Die Früchte sind kleine, schwarze Beeren. Achte auf die rötlich gefärbten Zweige, an denen du den Strauch erkennen kannst.

Der **Wollige Schneeball** ist in Südeuropa zu Hause und wächst bei uns deshalb nur an sonnigen Hängen. Die schmalen Früchte sind zuerst grün, dann rot und zuletzt blauschwarz gefärbt.

Bei der **Salweide** stehen die Blüten in Kätzchen zusammen. Es gibt männliche und weibliche Bäume. Die Blüten erscheinen vor den Blättern und sind eine sehr gute Bienenweide.

Der **Weißdorn** kann bis zu 15 m hoch werden. Seine Blüten öffnen sich im Mai und haben einen strengen Geruch. Die roten Früchte werden von vielen verschiedenen Vögeln verzehrt.

Der **Liguster** kann bis zu 3 m hoch werden, und es gibt Sorten, die auch im Winter ihre Blätter behalten. Deshalb wird er oft als Gartenhecke angepflanzt, um neugierige Blicke abzuhalten.

Das **Pfaffenhütchen** hat eine vierklappige, rote Kapsel, die sich im Herbst öffnet und 2–4 Samen freigibt. Sie hängen an Fäden aus der Frucht. Der Strauch kann bis zu 6 m hoch werden.

Die **Schneebeere** stammt aus Nordamerika und wird bei uns in Gärten und in Hecken angepflanzt. Ihre weißen Beeren bleiben bis in den Winter hinein am Strauch. Deshalb findet man sie häufig in den Gärten.

Die **Feldulme** ist ein bis zu 30 m hoher Baum. Die Blüten sind klein und erscheinen vor den Blättern. Aus ihnen entwickelt sich dann eine breit geflügelte Nuß. Sie wird vom Wind verbreitet.

Wer kennt ein Kuckucksnest?

Im April und Mai erschallt der wohlbekannte Ruf des Kuckucks, nach dem dieser Vogel auch seinen Namen erhalten hat. Es ist nur das Männchen, das so ruft. Das Weibchen gibt dagegen ein kicherndes „wickwickwickwick" von sich, das allerdings nur selten zu hören ist. Viele Menschen haben den Kuckuck schon häufig gehört, aber nur wenige haben ihn jemals gesehen. Er ist vom Schnabel bis zur Schwanzspitze 32–37 cm lang und taubengrau gefärbt. In Wäldern ist er bei uns häufig, er kommt aber auch in Parks und größeren Gärten vor. Im Gegensatz zu den anderen Vögeln gibt es beim Kuckuck keine Ehe und keine gemeinsame Aufzucht der Jungen. Dieser Vogel ist ein Einzelgänger und baut nicht einmal ein Nest. Das Weibchen legt seine Eier in die Nester anderer Vögel und überläßt diesen die Aufzucht der Jungen.

Die Eier des Kuckucks sind auffallend klein und können sehr verschieden gefärbt sein. Allerdings haben die Eier eines Weibchens stets die gleiche Farbe. Das Weibchen legt immer ein Ei in das Nest eines Vogels, dessen Eier etwa die gleiche Farbe wie seine eigenen haben. Zwischen 16 und 22 Eier legt es in einem Jahr. Es bevorzugt die Nester von Bachstelzen, Grasmücken, Rotkehlchen und Baumpiepern.

Bereits nach knapp 2 Wochen schlüpft der junge Kuckuck aus dem Ei, und er hat

den angeborenen Trieb, in den nächsten Tagen alles, was im Nest ist, auf seinen Rücken zu laden und aus dem Nest zu werfen. Das sind natürlich zuerst die Eier oder Jungvögel seiner Pflegeeltern. So bleibt er allein im Nest, wird schnell groß und dick und wird unermüdlich von den Pflegeeltern ernährt, die oft viel kleiner sind als er. Auf dem Bild muß die Heckenbraunelle sogar auf den Rücken des jungen Kuckucks steigen, um ihn zu füttern. Nach drei Wochen verläßt er schließlich das Nest, läßt sich noch einige Tage weiterernähren und zieht dann nach Süden, wohin seine richtigen Eltern schon früher aufgebrochen sind.

Kuckucke fressen ausschließlich Insekten. Sie nehmen auch starkbehaarte Raupen, die von anderen Vögeln gemieden werden.

Zum Beobachten

Auf der Suche nach einem Kuckuck

Der Kuckuck ist bei uns ein Sommergast. Er kommt gewöhnlich im April aus Afrika hierher. Horche auf den Ruf des Männchens und notiere in deinem Tagebuch, wann du ihn zum erstenmal gehört hast. Die Männchen halten sich oft auf Bäumen am Waldrand auf. Vielleicht gelingt es dir, eines zu sehen, indem du seinem Ruf folgst. Beobachte, wie das Weibchen knapp über Wiesen und Hecken fliegt. Es ist meist grau gefärbt und hat eine hellere, gefleckte Unterseite.

Zum Aufspüren

Eine haarige Angelegenheit

Kuckucke gehören zu den wenigen Vögeln, die auch behaarte Raupen fressen. Die Haare bleiben im Schnabel und in der Kehle stecken, was den Kuckuck aber anscheinend nicht stört. Schau dir selbst einige dieser behaarten Raupen an. Zwei häufigere Raupen sind unten abgebildet. Fasse sie nicht an, da die Haare deine Haut reizen könnten.

Silberne Fallen

Viele Leute meinen, daß die Spinnen zu den Insekten gehören. Aber das stimmt gar nicht. Die Spinnen bilden eine ganz andere Tiergruppe, und du kannst sie schon auf den ersten Blick von den Insekten unterscheiden: Spinnen haben 8 Beine, Insekten dagegen nur 6. Das bunt gefärbte Tier auf dem großen Bild ist eine Zebraspinne, auch Wespenspinne genannt.

Die Zebraspinne gehört zu den Kreuzspinnen. Die Tiere dieser Familie sind auch unter dem Namen Radnetzspinnen bekannt. Wenn du die Bilder auf dieser Seite betrachtest, kannst du dir leicht vorstellen, woher dieser Name stammt. Über 50 Arten von Kreuzspinnen gibt es bei uns, und manche sind auch für den geübten Fachmann nur schwer zu unterscheiden.

Die Radnetzspinnen spannen ihr Netz zwischen Zweigen und Grashalmen auf. Die Tiere haben an ihrem Hinterleib 6 Spinnwarzen, aus denen sie die Spinnfäden abscheiden. Diese sind von einer dünnen Schleimschicht umgeben, die an der Luft sofort zu kleinen Tröpfchen zusammenfließt.

Mit einer Lupe kannst du diese Tröpfchen ohne Schwierigkeiten sehen. Verwechsle sie aber nicht mit den Tautropfen, die du im Herbst an den Netzen sehen kannst. An diesem Leim kleben die Tiere fest, die in das Netz geraten. Da der Leim aber schnell vertrocknet, muß die Spinne fast in jeder Nacht ein neues Netz bauen.

Wenn ein Insekt in das Netz geflogen ist, so stürzt sich die Spinne sofort auf das Beutetier, dreht es zwischen den Beinen und spinnt es dabei so fest ein. Durch einen Biß mit den Giftzähnen wird das Opfer betäubt, und anschließend werden seine Körpersäfte von der Spinne aufgesogen. Die bei uns vorkommenden Spinnen sind für einen Menschen nicht gefährlich, du brauchst also keine Angst vor ihnen zu haben.

Zum Aufspüren

Netze zur Auswahl

Das Netz der Radnetzspinne ist nur eines von vielen Formen. Wie viele andere Netze kannst du an Wänden und Hecken finden? Zwei weitverbreitete Formen sind hier abgebildet: Das sternförmige Netz unten gehört zu einer Kellerspinne. Sie lebt gewöhnlich in Mauerritzen, aus denen sie herauseilt, wenn sich irgendein Insekt in ihrem Netz verfangen hat. Berühre das Netz vorsichtig mit einem Grashalm und beobachte, was passiert. Wenn du darauf achtest, kannst du viele solcher Netze finden.

Zum Beobachten

Wenn jemand spinnt

Radnetzspinnen müssen häufig neue Netze bauen. Wenn du morgens in einer Hecke danach suchst, so kannst du vielleicht dabei zusehen. Die äußeren Rahmenfäden, die an Zweigen befestigt sind, werden wieder verwendet, wenn sie noch zu gebrauchen sind.

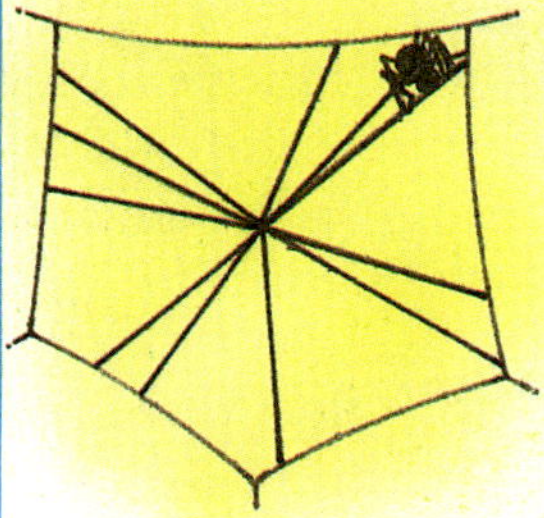

1 Ist der Außenrahmen fertig, so werden mehrere Fäden gezogen, die wie Speichen bei einem Rad angeordnet sind. Große Netze haben mehr Strahlen als kleine. Zähle sie einmal!

2 Sind alle Strahlen fertig, so werden sie durch eine Spirale verbunden, die von der Mitte nach außen gebaut wird. Dieser Faden ist nicht klebrig. Er dient nur zur Festigung.

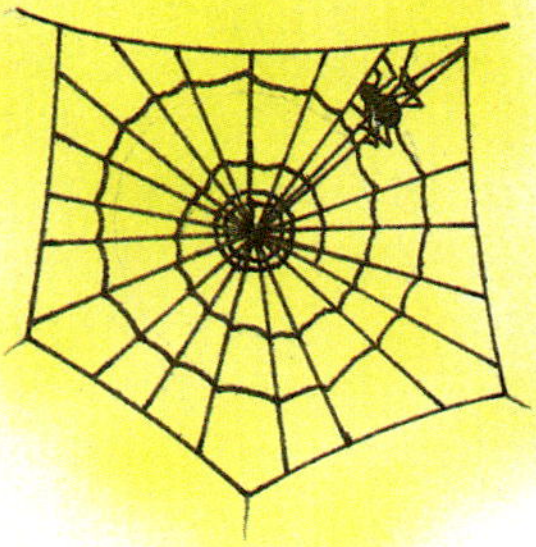

3 Als letztes werden die Klebfäden angebracht, und zwar von außen nach innen. Beachte, wie die Spinne den Faden mit ihren Beinen erfaßt und ihn dann an die Strahlen klebt, immer genau an den richtigen Punkt. Ob es lange dauert, bis das Netz fertig ist?

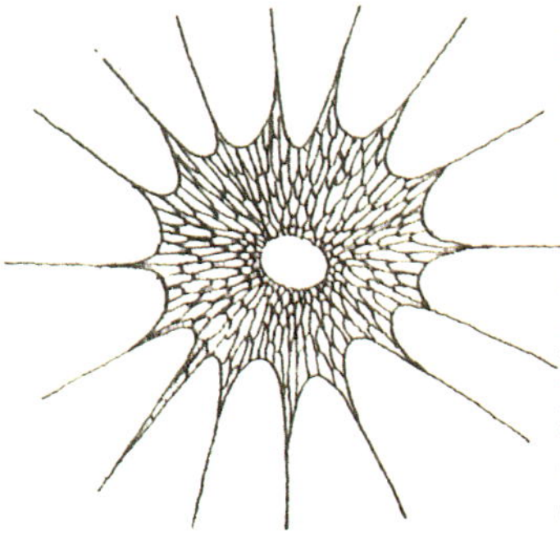

Das Netz der Haubennetzspinne *(oben)* ist in Büschen und Hecken häufig zu sehen. Achte auf die kleine Spinne, die auf der Unterseite des Netzes hängt. Sie fängt die Insekten, die gegen die Fäden fliegen.

Blüten wie eine Stickerei

Wenn du im Sommer auf einem Weg durch die Wiesen streifst, so wirst du überall kräftige Pflanzen sehen, deren weiße Blumen dir schon von weitem auffallen. Wenn du näher an sie heran gehst, wirst du bemerken, daß es viele Blüten sind, die wie bei einer feinen Stickarbeit in einer großen, schirmförmigen Dolde zusammenstehen. Deshalb nennt man diese ganze Pflanzenfamilie auch die Doldenblütler. Der Blütenstand auf dem großen Bild gehört zum Wiesenbärenklau, zu einer Pflanze, die bis mannshoch werden kann.

Die einzelne Blüte bei dieser mächtigen Pflanze ist so klein, daß ein Insekt sie kaum wahrnehmen würde. Durch die große Zahl der Blüten ist die Dolde dagegen schon von weitem zu erkennen. Eine mit dem Wiesenbärenklau verwandte Art, die aus Asien stammt, wird jetzt in unseren Gärten häufig angepflanzt. Sie wird bis 5 m hoch und hat Dolden, die über 50 cm breit sind.

Die Dolde ist ein kompliziert aufgebauter Blütenstand. Vom Ende des Hauptstengels gehen von einem Punkt aus zahlreiche Stiele ab, die sich am oberen Ende wieder verzweigen. Erst diese dünnen Seitenzweige tragen oben je eine Blüte. Jede hat 5 kleine Blütenblätter, die aber bei den Blüten am äußeren Rand der Dolde sehr verschieden groß sind.

Die Insekten kommen in großer Zahl zu den Dolden, um Nektar aus den Blüten zu saugen. Dabei tragen sie den Pollenstaub von einer Blüte zur anderen und bestäuben den Fruchtknoten. So kann eine Frucht entstehen, mit der die Pflanze sich vermehrt. Zu den Doldenblütlern gehören viele Pflanzen, z. B. der Pastinak und der Wiesenkerbel, die Petersilie und die Mohrrübe. Viele von ihnen enthalten stark duftende Öle, aber es gibt auch Giftpflanzen unter ihnen. Mit dem Schierling hat man schon vor mehr als 2000 Jahren Menschen umgebracht.

Zum Beobachten

Jagende Insekten

Wenn du eine vollerblühte Dolde betrachtest, so kannst du beobachten, daß sie von vielen verschiedenen Insekten besucht wird. Achte auf die vielen Blattlausfliegen, die lange Zeit an einer Stelle in der Luft schwirren und sich plötzlich auf die Dolde niederlassen, um Pflanzensaft zu saugen. Aber nicht alle Insekten kommen, um Nektar zu saugen. Sieh dir einmal den Weichkäfer an oder die Tanzfliege, die hier rechts abgebildet ist. Beide leben räuberisch und saugen ihre Beutetiere aus.

Zum Aufspüren

Eine große Familie

Wie viele verschiedene Doldenblütler kannst du wohl unterscheiden? Die meisten haben weiße Blüten, aber bei manchen sind sie auch grünlich gefärbt. Wenn du die Früchte betrachtest, wirst du feststellen, daß sie sehr verschieden sind. Iß sie nicht! Es gibt Giftpflanzen unter den Doldenblütlern.

Der **Wiesenkerbel** *(rechts)* wächst häufig auf Wiesen und an Hecken. Er wird bis zu 150 cm hoch und hat einen kantigen, hohlen Stengel. Die Früchte sind gerippt.

Der **Pastinak** *(links)* hat gelbe Blüten und wächst auf Wiesen und an Gräben. Er wird auch in Gärten angebaut. Seine Blätter haben tief zerschlitzte Blättchen. Die Früchte haben breite Flügel.

Der **Gefleckte Schierling** *(rechts)* ist sehr giftig! Die ganze Pflanze hat einen unangenehmen Geruch, du kannst sie auch an ihrem braunrot gefleckten Stengel erkennen. Sie wächst an Hecken und Zäunen und blüht Juni bis September.

Die **Hundspetersilie** *(links)* ist giftig! Sie wächst auf Äckern und in Gärten, an Hecken und auf Schutt. Die Blüten erscheinen im Juni bis Oktober. Unter jeder Blüte steht ein schmales, zurückgeschlagenes Blatt.

Nur eine Flechte?

Wenn du einmal eine alte Mauer genau ansiehst, wirst du bald einige Flecken erkennen, die wie eine Kruste oder ein trockener Lappen aussehen. Manche sind gelblich, andere graugrün und wieder andere rötlich gefärbt. Alle diese unauffälligen Gebilde sind Pflanzen, die man Flechten nennt. Die auf dem großen Bild dargestellte gelbliche Flechte ist die Wandflechte. Wenn du sie aus der Nähe betrachtest, so siehst du, daß sie aus zahlreichen laubähnlichen Lappen besteht.

Flechten sind sehr zähe Pflanzen. Sie leben auf trockenen Felsen und an Wänden, bei großer Hitze und bei großer Kälte. Sie haben keine Wurzeln, keine Stengel und keine Blätter, und doch gehören sie zu den widerstandsfähigsten Lebewesen. Flechten sind eigentlich gar keine Pflanzen, sondern sie bestehen aus Pflanzen. Eine Flechte entsteht nur, wenn ein ganz bestimmter Pilz mit einer ganz bestimmten Alge zusammentrifft. Beide zusammen gehen eine Lebensgemeinschaft ein: Der Pilz baut das Haus, und die Alge stellt die Lebensmittel her. Da es viele Pilze und eine ganze Reihe von Algen gibt, die sich auf diese Lebensgemeinschaft eingestellt haben, gibt es auch viele verschieden aussehende Flechten. Flechten wachsen an ihrem Rand weiter, und zwar sehr langsam. Die Landkartenflechte wird in jedem Jahr etwa 0,5 mm breiter. Die Biologen können deshalb das Alter von Mauerresten und Gebäuden berechnen, wenn sie die Größe der Flechten auf diesen Resten feststellen.

Außer den Krustenflechten kannst du auch Laubflechten finden. Es gibt Tiere, die sich von Flechten ernähren. Auf dem Bild ist es der Taußendfüßer, während der Schmetterling sich nur an der Mauer sonnt und die Spinne sich verstecken will. In den arktischen Gebieten ernähren sich die Rentiere fast nur von der Rentierflechte.

Zum Aufspüren

Auf der Suche nach Flechten

Nicht alle Flechten sind so auffallend gefärbt wie die Wandflechte. Wenn du aber dein Augenmerk einmal auf diese Pflanzen richtest, wirst du sie bald überall entdecken. Spürst du, wie verschieden sie sich anfühlen? Manche, die auf Steinen wachsen, sind hart wie eine Kruste, man nennt sie deshalb Krustenflechten. Andere sind wie ein trockenes Blatt (Laubflechten), wieder andere haben auf ihrer Oberfläche kleine säulenförmige Becher (Becherflechten), und schließlich sind bei manchen diese Auswüchse flach wie eine Schüssel (Schüsselflechten).

Zum Beobachten

Wie sauber ist deine Stadt?

Flechten sind sehr widerstandsfähig gegen Kälte und Hitze, gegen Nässe und Trockenheit, aber sie reagieren sehr empfindlich auf die Verschmutzung der Luft. Wenn du die Bäume und Zäune in einer Hauptverkehrsstraße untersuchst, so wirst du kaum eine Flechte finden. Deshalb kommen manche Flechten, die früher in Ortschaften sehr häufig waren, heute überhaupt nicht mehr vor. Mit Hilfe der Flechten kann man also feststellen, ob die Luft in einem Gebiet sauber ist oder nicht.

Die unten abgebildete Mauer-Scheibenflechte ist in Ortschaften oft zu finden. Sie verträgt verschmutzte Luft besser als die meisten anderen Flechten. Achte einmal auf Betonoberflächen und an Denkmälern auf sie.

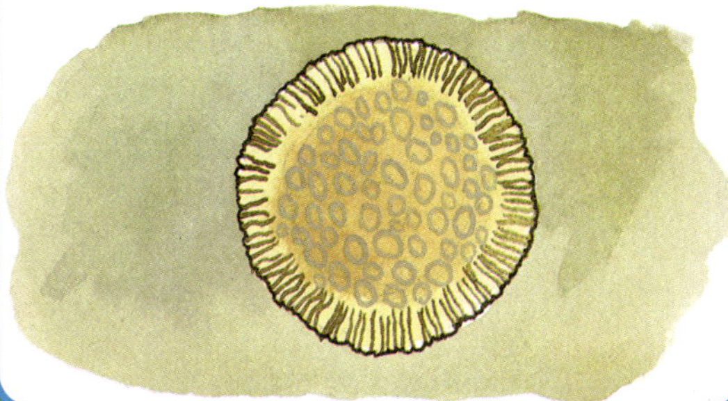

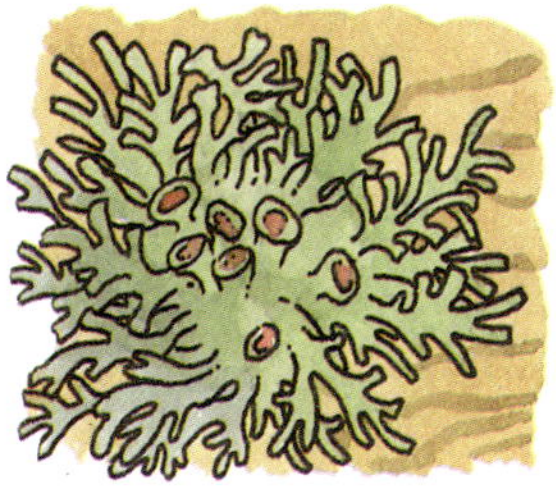

Die **Schüsselflechte** *(links)* findest du vor allem auf Felsen, Steinmauern und Baumstümpfen. In den schüsselförmigen Auswüchsen sind die Sporenlager des Pilzes, mit denen sich die Flechte vermehrt.

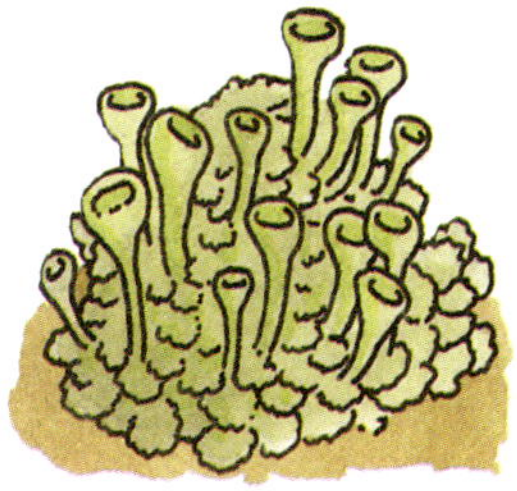

Die **Becherflechten** *(links)* sind in Wäldern und Gebüschen weit verbreitet, wo sie auf Baumstümpfen wachsen. Die Becher enthalten ein graues Pulver.

Die **Laubflechten** *(rechts)* wachsen auf Baumstämmen, wo sie die Rinde dicht bedekken können. Sie sind gegen Luftverschmutzung sehr empfindlich, deshalb wirst du sie kaum in Städten finden.

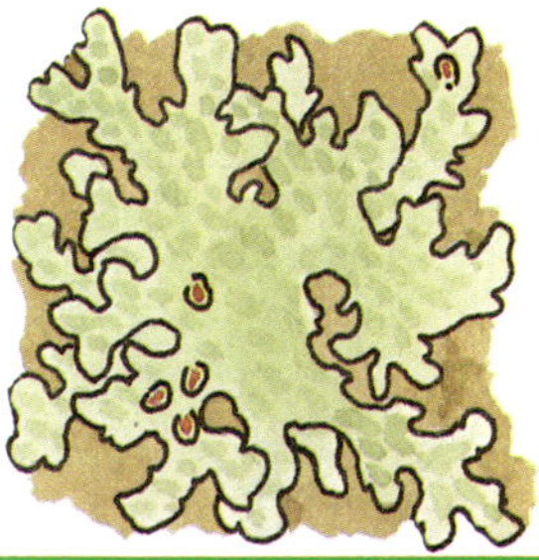

Die **Krustenflechten** *(rechts)* bilden auf Steinen und Felsen eine harte, dünne Kruste. Sie wachsen sehr langsam und gehören zu den ältesten lebenden Pflanzen der Welt.

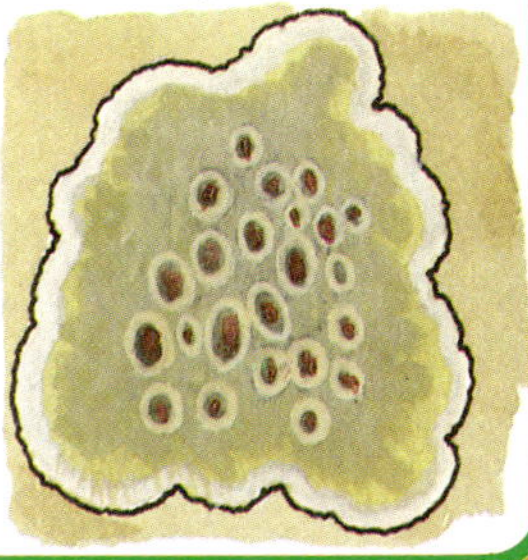

Blumen am Wegrand

Vom Frühjahr bis zum Herbst kannst du überall am Wegrand Blumen blühen sehen. Selbst auf Brachland und auf Erdhaufen, die bei Straßenarbeiten liegengeblieben sind, siedeln sie sich schnell an und kommen innerhalb weniger Wochen zur Blüte. Pflanzen, die am Wegrand wachsen, kannst du auch auf den Wiesen finden, während die Blumen, die im Schatten der Hecke wachsen, auch im Wald zu finden sind. Manche Gartenpflanzen sind verwildert und kommen heute an Hecken vor.

1 Das **Löwenmäulchen** ist eine beliebte Gartenpflanze und wird in vielen Sorten und Farben gezüchtet. Manchmal verwildern sie und wachsen an Schuttplätzen und im Gebüsch . Blütezeit: Juli bis Oktober.

2 Das **Zymbelkraut** war früher eine Gartenpflanze, ist aber längst verwildert und kommt an Mauern und Wegrändern vor. Blütezeit: Juni bis September.

3 Der **Gamander-Ehrenpreis** wächst in Gärten und auf Äckern. Blütezeit: März – Oktober.

4 Der **Huflattich** wächst an Gräben und Wegrändern und hat Stengel, die dicht mit Schuppen besetzt sind. Blütezeit: März – April.

5 Die **Wiesenschlüsselblume** wächst auf Wiesen. Blütezeit: April – Mai.

6 Die **Rote Pestwurz** ist an Ufern und auf feuchten Wiesen zu finden. Ihr Stengel trägt purpurrote Blütenkörbchen. Blütezeit: März bis April.

7 Die **Große Sternmiere** hat schmale Blätter. Sie wächst in Laubwäldern und Hecken. Ihre Blütenblätter sind tief eingekerbt. Blütezeit: April – Juni.

1 Die **Vogelwicke** wächst auf Wiesen und Äckern. Ihre Blätter tragen viele Fiederblättchen und haben am oberen Ende eine Ranke. Die Blüten sind blauviolett. Blütezeit: Juni – August.

2 Die **Knoblauchsrauke** wächst häufig in Gebüschen und Hecken. Die Pflanze riecht beim Zerreiben nach Knoblauch: Mai – Juni.

3 Der **Färberwaid** wurde früher angebaut, um einen Farbstoff daraus zu gewinnen. Heute kommt er verwildert in wärmeren Gebieten auf Schuttstellen und an Wegen vor. Blütezeit: Mai – Juli.

4 Die **Rote Lichtnelke** ist auf Wiesen und in Wäldern verbreitet. Die ganze Pflanze ist dicht behaart und hat geruchlose Blüten.
Sie ist eng mit der Weißen Lichtnelke verwandt, die weiße Blüten hat.
Blütezeit: April – September.

5 Die **Kleinblütige Königskerze** wächst auf Waldlichtungen. Heideflächen und Schuttplätzen. Sie wird bis zu 1,5 m hoch und hat viele Blätter, die auf beiden Seiten dicht filzig behaart sind. Die gelben Blüten sind trichterförmig.
Blütezeit: Juli – September.

Die diebische Elster

Unter allen bei uns vorkommenden Vögeln ist die Elster am leichtesten zu erkennen. Wenn sie über dich hinwegfliegt, wirst du sehen, daß ihre Federn nur schwarz und weiß gefärbt sind. Betrachte aber einmal einen im Sonnenschein sitzenden Vogel mit dem Fernglas, jetzt kannst du erkennen, daß die schwarzen Federn einen bläulichen, grünlichen oder rötlichen Glanz haben. Wie ihre Verwandten, die Krähen, sind die Elstern Allesfresser. Kleine Säugetiere, Vögel und Vogeleier, Insekten, Schnecken und Würmer, alles verschwindet in ihrem Schnabel, und auch Teile von einem toten Kaninchen werden nicht verschmäht. Wenn sich die Elstern auf dem Boden bewegen, so hüpfen sie meist seitwärts.

Sie sind keine eleganten Flieger und können es mit den Vögeln, von denen sie gejagt werden, darin nicht aufnehmen. Wanderfalken, Habichte und Uhus, aber auch Eichelhäher und Krähen stellen ihnen nach. Die Elstern haben es gelernt, sich vor diesen Tieren zu verbergen.

Vor dem Menschen haben sie viel weniger Scheu. Sie dürfen bei uns nicht mehr gejagt werden. Früher hat man oft junge Elstern im Käfig aufgezogen und sie später freigelassen. Nach solchen Vögeln ist das Wort von der diebischen Elster entstanden, denn sie brachten alles, was glänzt in ihr Nest: vom Deckel einer Blechbüchse bis zum goldenen Armreif und zum silbernen Ring. Frei aufgewachsene Vögel zeigen dieses Verhalten nicht. Die Elstern bauen ein Nest aus Zweigen, das mit einem Dach versehen ist.

Im Winter bleiben die Elstern bei uns. Sie leben in Gruppen zusammen, in denen sich bis zu 500 Vögel treffen. Die Elstern halten sich normalerweise in Wäldern auf. Heute dringen sie aber auch nicht selten bis in die Ortschaften ein, wenn es dort hohe Bäume gibt.

Zum Aufspüren

Andere schwarz-weiß gefärbte Vögel

Es gibt zwei andere schwarzweiß gefärbte Vögel, die du in der Nähe von Hecken beobachten kannst. Sie sind aber viel kleiner als die Elstern. Fallen dir noch andere Unterschiede auf, wenn du die Bilder auf dieser Seite betrachtest? Achte vor allem auf ihren Kopf und ihren Schnabel: Die Bachstelze zieht im Herbst nach Süden und überwintert in wärmeren Gebieten. Der Raubwürger ist auf dem Rücken grau gefärbt. Er überwintert bei uns und lebt an Waldrändern und Hecken.

Die **Bachstelze** *(unten)* findest du in offenen Landschaften, wo es in der Nähe Wasser gibt. Auf dem Boden sitzend knickst sie, wobei ihr langer Schwanz auf und nieder wippt. Sie ernährt sich von Insekten und Würmern.

Der **Raubwürger** *(unten)* jagt Insekten, Vögel und kleine Säugetiere, die er im Schnabel zu einer Hecke trägt. Dort spießt er seine Beute auf einen Dorn auf, um sie später zu verzehren.

Namenverzeichnis